FICHA CATALOGRÁFICA

(Preparada na Editora)

Xavier, Francisco Cândido, 1910-2002.

X19a   *Alma e Luz* / Francisco Cândido Xavier, Espírito de Emmanuel. Araras, SP, 7ª edição, IDE, 2018.

144 p.

ISBN 978-85-7341-724-1

1. Espiritismo 2. Psicografia - Mensagens I. Emmanuel. II. Título.

CDD -133.9
-133.91

Índices para catálogo sistemático:

1. Espiritismo 133.9
2. Psicografia: Mensagens: Espiritismo 133.91

ALMA
E LUZ

ISBN 978-85-7341-724-1

7ª edição - abril/2018

2ª reimpressão - março/2024

Copyright © 1990,
Instituto de Difusão Espírita - IDE

Conselho Editorial:
Doralice Scanavini Volk
Wilson Frungilo Júnior

Produção e Coordenação:
Jairo Lorenzeti

Capa:
César França de Oliveira

Diagramação:
Maria Isabel Estéfano Rissi

Parceiro de distribuição:
Instituto Beneficente Boa Nova
Fone: (17) 3531-4444
www.boanova.net
boanova@boanova.net

Impressão:
Plena Print

INSTITUTO DE DIFUSÃO ESPÍRITA - IDE

Rua Emílio Ferreira, 177 - Centro
CEP 13600-092 - Araras/SP - Brasil
Fones (19) 3543-2400 e 3541-5215
CNPJ 44.220.101/0001-43
Inscrição Estadual 182.010.405.118

www.ideeditora.com.br
editorial@ideeditora.com.br

Todos os direitos reservados. Nenhuma parte desta publicação pode ser reproduzida, armazenada ou transmitida, total ou parcialmente, por quaisquer métodos ou processos, sem autorização do detentor do copyright.

Mensagens e meditações de

EMMANUEL

ALMA
E LUZ

Através do médium

CHICO
XAVIER

ide

Sumário

Alma e Luz, Emmanuel 9

À luz do Evangelho 19

Círculos cooperadores 25

Respostas do Alto 31

Círculos intercessórios 37

O maior Mandamento 43

Como lês? 49

Trabalhando 55

Mortos 61

Com um beijo 67

Na arena da evolução 73

Pilatos 79

Política 85

Sustentemos o bem 91

Anotações da esperança 97

A torre 103

Se soubesses... 109

Nos grandes momentos 115

Ver 121

Tolerância Divina 127

Jesus e renúncia 133

Alma e Luz

Questionados que temos sido por vários companheiros reencarnados nas áreas do campo físico, com respeito ao binômio "alma e corpo", desejamos afirmar, preliminarmente, que sabemos que o assunto será esclarecido, nos termos justos, por autoridades da Vida Superior, no tempo próprio.

Diante, porém, da sinceridade dos nossos irmãos, que permanecem transitoriamente na Terra, ousamos enfileirar aqui algumas deduções simbólicas, capazes de auxiliar-nos o raciocínio na solução dos problemas profundos que a questão envolve em si mesma.

A alma é comparável ao motor.

O corpo é o veículo.

A alma é o livre-arbítrio.

O corpo é a matéria que se organiza a fim de resguardá-la.

A alma é o timoneiro.

O corpo é a embarcação.

A alma é a raiz.

O corpo é o tronco.

A imaginação é a tela que detém os nossos desejos.

O corpo é a realidade, em que se manifesta.

A alma é a sublimidade da música.

O corpo é a câmara na qual o compositor procura os recursos para reproduzir ou inspirar--se ante a melodia dos anjos.

A alma é a lógica nos acontecimentos da vida.

O corpo é instrumento em que se aprende a respeitá-la.

A alma é a inspiração da Vida Maior.

O corpo é a matéria densa em que nós outros manipulamos as formas dos anseios que os nossos sentimentos acalentam no dia a dia.

A alma é o plano.

O corpo é a inteligência instintiva que o executa.

A alma é o campo.

O corpo é a enxada que obedece ao lavrador.

A alma é o oleiro.

O corpo é o elemento que o obedece na formação de vasos diversos.

A alma é o ambiente.

O corpo é a forma que nos define os pensamentos.

A alma é a fonte dos nossos ideais.

O corpo é o buril de trabalho com que nos conduzimos, pela própria vontade, às atividades do bem ou do mal, conforme nossas escolhas.

A alma é a diretriz.

O corpo é o território em que viajamos com a possibilidade de nutrir a saúde ou as provações da doença.

A alma é o amor de que nos alimentamos para a vida.

O corpo é a atitude que nos tutela a independência própria para assumir as nossas preferências das quais teremos os resultados respectivos.

A alma é a lanterna da paz.

O corpo é o refletor de nossas disposições íntimas para servi-la ou conturbá-la.

A vida é semelhante à mina de ouro.

Tomando o corpo físico, que lembra o uniforme do trabalhador que se esforça para encontrar e deter alguma parcela do precioso metal, na reencarnação, simbolizamos desta forma a presença ou a busca da luz em que todos vivemos.

É necessário remover toneladas de cascalho para achar alguma quantidade da preciosidade referida.

Aqueles que se devotam às boas obras e se desenvolvem no autoconhecimento levam consigo alguma luz ao Plano Espiritual; isso, porém, por vezes, determina grande número de existências, na Crosta Terrestre.

Os amigos que se consagram à ociosidade ou à revolta, ao desânimo ou ao ódio, devem voltar ao mesmo padrão de existência, nas áreas físicas do Planeta, tantas vezes quantas foram as romagens no ambiente das provas que não quiseram vencer.

Conduzindo à Vida Superior apenas cascalho improdutivo, às vezes necessitam regressar às dificuldades que desprezaram, demorando-se no mundo material.

E isso acontece com muitos amigos que apenas conduziram consigo o cascalho da inutilidade, sem possibilidade de partilhar o trabalho nas Legiões do Bem.

Lamentam-se, em vão, porque em verdade recusaram sistematicamente as oportunidades de serviço e elevação que lhes foram concedidas.

Conduzindo às Esferas Superiores unicamente cascalho, sem qualquer resquício de luz de que se acham necessitados, são constrangidos a retornar às tarefas que menosprezaram no mundo.

Saibamos procurar a luz nas pedras da existência, estudando e aprendendo, amando ao próximo como sendo nós mesmos e sublimando os ideais de elevação que adquirimos, com a realização de nossos princípios.

Eis por que este livro simples e despretensioso recebeu o nome de: Alma e Luz.

Emmanuel

À Luz do Evangelho

"

...é indispensável saber distribuir com espontâneo amor as facilidades que a Terra situa em nossas mãos...

"

Empobreçamo-nos de vaidade

e orgulho, de ambição e egoísmo e, certamente, a verdade nos impelirá aos planos mais altos da vida.

Ilusões e exigências são adensamento de névoas em torno de nossa visão espiritual.

Jesus, no ensinamento evangélico, não exaltava os indigentes de educação ou de energia! Salientava a triste condição das almas que amontoam, ao redor dos próprios passos, ouro e títulos convencionais no exclusivo propósito de dominação entre os homens, acabando emparedadas em pergaminhos dourados e cintilantes molduras, à maneira de cadáveres em mausoléus de alto preço.

É justo usar os patrimônios de inteligência e reconforto que o mundo nos oferece à solução dos nossos problemas evolutivos, mas é indispensável saber distribuir com espontâneo amor as facilidades que a Terra situa em nossas mãos a fim de que a fé não brilhe debalde em nossa rota.

O Senhor, em surgindo na manjedoura, estava pobre de bens materiais, mas sumamente rico de luz. Mais tarde, no madeiro infamante, encontrava-se pobre de garantias humanas, mas infinitamente rico de Vida Eterna.

Empobreçamo-nos de exclusivismo e enriqueçamo-nos de fraternidade!

Empobreçamo-nos de repouso indébito e enriqueçamo-nos de serviço edificante!

Nessa estrada de sintonia com o Alto, atingiremos, em breve tempo, os tesouros da Vida Eterna!...

Círculos cooperadores

"

*Cultivar a fé,
não significa adorar somente.
Seguir o Mestre não
é incensar-Lhe o
nome apenas.*

"

"E rogo-vos irmãos, por Nosso Senhor Jesus Cristo e pelo amor do Espírito, que combatais comigo nas vossas orações por mim a Deus." – Paulo Romanos, 15:30.

Que será do mundo se o tenebroso movimento do mal, que atualmente o envolve, terminar em comédia diplomática, dilatando mentiras e encorajando agressões novas?

Que será dos povos trabalhadores se a luta paralisar em mistificação que reforce a tirania e restaure o cativeiro?

Escrevendo aos romanos, relativamente aos seus esforços no serviço áspero, Paulo de Tarso oferece uma fórmula sagrada aos tempos atuais...

O apóstolo não recomenda rogativas pela

cessação da luta, não reclama o término dos testemunhos, não alude à parte final de trabalhos e sacrifícios...

Pede, simplesmente, aos irmãos, que combatam em orações, na sua companhia.

O grande trabalhador conhecia a força do pensamento e não ignorava que toda luta se processa através de linhas e círculos.

Jesus fazia excursões nas localidades palestinenses, mas voltava ao círculo de Cafarnaum em casa de Pedro.

Os apóstolos dilatavam cruzeiros de pregação, mas não dispensavam o círculo das igrejas.

O homem vai às frentes do trabalho, diariamente, todavia, não prescinde do círculo do lar.

Não há linhas de serviço sem os círculos de preparação eficiente.

Neste momento difícil dos povos, quando

se recorre à organização de vanguardas valorosas, é justo não esquecer as fortalezas morais da retaguarda.

Os discípulos do Evangelho, em todo o mundo, passam por experimentação necessária.

Cultivar a fé, não significa adorar somente.

Seguir o Mestre não é incensar-Lhe o nome apenas.

É tomar a cruz deste testemunho, sem desdenhar sacrifícios.

Não esqueçamos que Paulo se refere a combater.

Em horas tão graves quanto estas, quando o direito e o bem, a paz e a verdade reclamam linhas de defesa, organizemos também os círculos espirituais de cooperação. *

Ninguém deve esquecer que o esforço cristão há de ser total para a vitória total do Evangelho.

---

* Mensagem psicografada na época da II Guerra MundiaL. Nota da Editora.

Respostas do Alto

"

Recorda que o Senhor espera por tua boa vontade e por teus braços, para responder com a paz e com a esperança aos que te cercam.

"

Reconhecida a verdade de que

Nosso Pai Celestial responde aos bons corações, através dos corações que se fazem melhores, não olvidemos a nossa possibilidade de servir na condição de valiosos instrumentos da Divina Bondade.

Nós, que sempre somos tão apressados e tão pródigos no "pedir", lembremo-nos de que podemos também dar.

Auxiliemos a Divina Providência no abençoado serviço do intercâmbio.

Ninguém pode contar com uma fortuna, em valores amoedados, para encontrar a felicidade perfeita, mas toda vez que derramarmos o coração em favor dos nossos semelhantes, semearemos a verdadeira alegria.

Todos podemos, em nome do Senhor, responder às rogativas dos que lutam e sofrem mais que nós mesmos.

Uma visita ao doente é sagrado recurso da fraternidade ao que suplica a assistência do Céu, em desespero.

A desculpa sincera é uma bênção de alívio para quem sofre sob o peso da culpa.

Um gesto de carinho é uma plantação de simpatia na terra escura da alma que se arrojou aos precipícios da revolta ou da incompreensão.

Um sorriso amigo é uma resposta do bom ânimo e da amizade, refundindo as forças daquele que está prestes a cair.

Recorda que o Senhor espera por tua boa

vontade e por teus braços, para responder com a paz e com a esperança aos que te cercam.

Ainda que tudo seja secura e aspereza em torno de teus pés, ama sempre.

Através da corrente viva do amor em teu coração, interpretarás a cooperação do Céu aos que te acompanham e receberás, constantemente, as respostas do Alto às tuas aflições e aos teus problemas.

Círculos intercessórios

"

Muita gente pergunta:
– Combater por quê?
Estamos com Jesus, que ensinou
o bem e a paz. Entretanto, é
indispensável não esquecer que
existem padrões de pacifismo
e padrões de passividade.

"

"Ajudando-nos também vós com orações por nós, para que pela mercê, que por muitas pessoas nos foi feita, por muitas também sejam dadas graças a nosso respeito." – Paulo – II Coríntios, 1:1.

O mal empreende o ataque, o bem organiza a defesa. O primeiro, movimenta a agressão, estabelece o terror, espalha ruínas. O segundo mobiliza o direito, cria energias novas, eleva sentimentos e consciências.

Os povos pacíficos da atualidade encontram problemas de solução imediata, cuja equação requer ânimo sadio. Como interpretar o assédio da força? Como receber as novas modalidades de tirania?

O ataque do mal vem à sombra da noite,

o golpe traiçoeiro não espera declarações diplomáticas, nem a invasão generalizada obedece a protocolos políticos.

Muitas nações mantiveram-se à margem dos grandes conflitos, guardando a neutralidade e as tradições do direito internacional.

Nem por isso, todavia, tornaram-se respeitadas.

A onda de barbarismo envolve países, coletividades, continentes.

É necessário que o bem organize a defesa.

Muita gente pergunta: – Combater por quê? Estamos com Jesus, que ensinou o bem e a paz. Entretanto, é indispensável não esquecer que existem padrões de pacifismo e padrões de passividade.

O Mestre é o Príncipe da Paz. Contudo,

é imprescindível raciocinar quanto ao que seria o cristianismo se Jesus houvesse entrado em acordo com os fariseus do templo...

A batalha do Calvário iniciou o movimento de defesa do Evangelho. Continuaram, então, as batalhas cristãs, desde os circos romanos até aos campos sangrentos da atualidade.

Eis que o Brasil, generoso e pacífico, foi convocado às lutas da defesa.*

Nesta hora grave, recordemos a exortação confiante de Paulo: – "Fundemos círculos intercessórios para a cooperação ativa junto às vanguardas vigilantes."

Organizemos ligas de orações nos templos, nas instituições e nos lares, comparecendo espiritualmente no esforço defensivo, auxiliando também nós, no valoroso combate do bem.

---

*Mensagem psicografada na época da II Grande Guerra. Nota da Editora.

O maior Mandamento

"

Compreende e auxilia sempre...

Serve e passa...

"

"Ama a Deus, com toda a tua alma, com todo o teu coração e com todo o teu entendimento! – eis o maior mandamento", proclamou o Senhor. Entretanto, perguntarás, como amarei a Deus que se encontra longe de mim?

Cala, porém, as tuas indagações e recorda que, se os pais e as mães do mundo vibram na experiência dos filhos, se o artista está invisível em suas obras, também Deus permanece em suas criaturas.

Lembra que, se deves esperar por Deus onde te encontras, Deus igualmente espera por ti em todos os ângulos do caminho.

Ele é o Todo em que nos movemos e existimos.

Escuta a Lei Sublime do Bem e vê-Lo-ás sofrendo no irmão enfermo, esperando por tuas mãos; necessitado, no coração ignorante que te pede um raio de luz; aflito, na criancinha sem lar que te estende os braços súplices, rogando abrigo e consolação; ansioso, no companheiro agonizante que te implora a bênção de uma prece que o acalente para a viagem enorme; inquieto, no coração das mães que te pedem proteção para os filhinhos infelizes; e expectante, nas páginas vivas da Natureza, aguardando a tua piedade para as árvores despejadas, para as fontes poluídas, para as aves sem ninho ou para os animais desamparados e doentes.

Amemos ao próximo com toda a alma e com todo o coração e estaremos amando ao Senhor com as forças mais nobres de nossa vida.

Compreende e auxilia sempre...

Serve e passa...

Quem se faz útil, auxilia a construção do Reino Divino na Terra e quem realmente ama a Deus, sacrifica-se pelo próximo, fazendo a vida aperfeiçoar-se e brilhar.

Como lês?

"

Uns pedem consolação, outros procuram recreio.

„

"E Ele lhe disse: – Que está escrito na lei? como lês?" – Lucas, 10:26.

A interrogação do Mestre ao doutor de Jerusalém dá ideia do interesse de Jesus pela nossa maneira de penetração da leitura.

Sem nos referirmos ao círculo vasto de pessoas ainda indiferentes às lições do Evangelho, podemos reconhecer, mesmo entre os aprendizes, as mais diversas tendências no que se refere ao problema dos livros.

Os leitores distanciam-se uns dos outros pelas expressões mais heterogêneas.

Uns pedem consolação, outros procuram recreio.

Há os que buscam motivos tristes por cultivar a dor, tanto quanto os que se arvoram em caçadores de gargalhadas.

Surgem os que reclamam tóxicos intelectuais, os que andam em busca de fantasias, os que insistem por incentivos à polêmica envenenada.

Raros leitores pedem iluminação.

Sem isto, entretanto, podem ler muito, saturando o pensamento de teorias as mais estranhas. Chega o dia em que reconhecem a pouca substancialidade de seus esforços, porque, sem luz, o conforto pode induzir à preguiça, ao entretenimento, à aventura menos digna, à tristeza, ao isolamento, ao riso e ao deboche.

Com a iluminação espiritual, todavia, cada cousa permanece em seu lugar, orientada no sentido próprio de utilidade justa.

Lembra que quando te aproximes de um livro estás sempre pedindo alguma cousa. Repara, com atenção, o que fazes.

Que procuras? Emoções, consolo, entretenimento? Não olvides que o Mestre pode também interrogar-te: – "Como lês?"

Trabalhando

"

*Fujamos às sombras densas e guerras
escuras do nosso próprio "eu",
devotando-nos ao serviço de Deus,
na pessoa e nos círculos
dos nossos semelhantes.*

"

Quando estudamos a lição dos trabalhadores da última hora, nas páginas divinas do Evangelho, recordamos que, realmente, trabalhando, é possível alcançar todas as realizações que nos propomos atingir.

Trabalhando, o coração empolgado pelo desânimo pode converter, de imediato, as trevas da amargura em claridades imperecíveis de alegria e esperança.

Trabalhando, a criatura frágil se fortifica, pouco a pouco, dominando o campo em que respira, vive e cresce.

Trabalhando, a mente atacada pelo veneno do ódio ou da desesperação encontra recursos para compreender as próprias lutas, com mais clareza, aprendendo a transformar revolta e fel em paciência e perdão.

Trabalhando, a alma isolada pela discórdia pode surpreender a abençoada luz da harmonia e da paz, depois de longas noites de conflito e agonia.

Trabalhando, o mau se faz bom, o adversário se transforma em amigo, o infeliz atinge a casa invisível e brilhante do eterno júbilo.

Guardemos a palavra de Jesus e trabalhemos sempre na extensão do bem.

O livro ou o tribunal, a enxada ou a semente aguardam nossos braços, tanto quanto os sábios e os ignorantes esperam por nossa cooperação cada dia.

Fujamos às sombras densas e guerras escuras do nosso próprio "eu", devotando-nos ao serviço de Deus, na pessoa e nos círculos dos nossos semelhantes.

Plantando a felicidade dos outros, encontraremos a nossa própria felicidade.

Um anjo que se ponha a dormir num vale, tentado pelo perfume das flores efêmeras, pode repousar indefinidamente nas trevas, enquanto que o aleijado que se disponha a arrastar-se, sangrando o corpo e cobrindo-se de suor, na subida do monte, pode alcançar a glória do cimo e banhar-se de sublimes clarões, antes dos que dormem, com a graça divina da gloriosa alvorada...

Os últimos serão os primeiros – disse o Senhor!

Em verdade, será difícil a compreensão de semelhante ensino para a nossa lógica habitual, entretanto, se vives servindo, compreenderás que o trabalho realmente pode operar o divino milagre.

Mortos

"

Há impulsivos em sepulturas de espinhos e preguiçosos em sepulcros de miséria.

"

Há sempre numerosos mortos

em nossa luta de cada dia, convocando-nos às preces da diligência e da bondade em favor de cada um.

Mortos que sofrem muito mais que os outros – aqueles que julgais sentenciados à cinza e à separação.

Há usurários que se sustentam, inermes, em túmulos de ouro.

Há dominadores do mundo que se mostram distraídos em seus imponentes sarcófagos de orgulho falaz.

Há juízes inumados em covas de lama.

Há legisladores mumificados em terríveis enganos da alma.

Há sacerdotes enterrados sob o catafalco adornado da simonia e administradores encerrados em urnas infernais de inconfessáveis compromissos.

Há jovens mortos no vício e velhos amortalhados no frio da negação.

Há sábios enrijecidos no gelo da indiferença e heróis paralíticos sobre a essa de fantasias e ilusões.

Há impulsivos em sepulturas de espinhos e preguiçosos em sepulcros de miséria.

Se proclamardes a verdade perante todos eles, almas cadaverizadas no esquecimento da Divina Lei, decerto, responder-vos-ão com a inércia, com a ironia e com a imobilidade.

Para eles, pronunciou o Senhor as antigas

palavras: – "Que os mortos enterrem os seus mortos".

Procuremos a vida, descerrando nosso coração ao trabalho incessante do Bem Infinito...

Porque, na realidade, só aquele que aprende e ama, renovando-se incessantemente, consegue superar os níveis inferiores da treva, subindo, vitorioso, ao encontro da Vida Verdadeira com a eterna libertação.

Com um beijo

"

...“É assim que me entregas”?...

"

"E logo que chegou, aproximou-se Dele e disse-lhe: Rabi, Rabi. E beijou-O". – Marcos, 14:45.

Ninguém pode turvar a fonte doce da afetividade em que todas as criaturas se dessedentam sobre o mundo.

A amizade é a sombra amiga da árvore do amor fraterno. Ao bálsamo de sua suavidade, o tormento das paixões atenua os rigores ásperos. É pela realidade do amor que todas as forças celestes trabalham.

Com isso, reconhecemos as manifestações de fraternidade como revelações dos traços sublimes da criatura.

Um homem estranho à menor expressão

de afeto é um ser profundamente desventurado. Mas, aprendiz algum deve olvidar quanta vigilância é indispensável nesse capítulo.

Jesus, nas horas derradeiras, deixa uma lição aos discípulos do futuro.

Não são os inimigos declarados de Sua Missão Divina que vêm buscá-Lo em Gethsemani. É um companheiro amado. Não é chamado à angústia da traição com violência. Sente-se envolvido na grande amargura por um beijo. O Senhor conhecia a realidade amarga. Conhecera previamente a defecção de Judas: "É assim que me entregas"? – falou ao discípulo. O companheiro frágil perturba-se e treme.

E a lição ficou gravada no Evangelho, em silêncio, atravessando os séculos.

É interessante que não se veja um sacerdote do templo, adversário franco de Cristo, afrontando-lhe o olhar sereno ao lado das oliveiras contemplativas.

É um amigo que lhe traz o veneno amargo.

Não devemos comentar o quadro, em vista de que, quase todos nós, temos sido frágeis, mais que Judas, mas não podemos esquecer que o Mestre foi traído com um beijo.

Na arena da evolução

Cada manhã, volves ao corpo que te suporta a intemperança e recebes a bênção do Sol que te convida ao trabalho...

Sob a infecção mental do pessimismo, afirma-te, por vezes, irremediavelmente, cansado, à frente da luta e proclamas, tanta vez, em desânimo e desespero, que a Terra se converteu em charco de podridão; que a sociedade é um jogo de máscaras; que a honestidade foi banida do mundo; que os maus tripudiam, impunes, sobre o amor dos bons; que a crueldade é a norma da vida; que cataclismos diversos tombarão no horizonte, incendiando a atmosfera de que os homens se nutrem e dizes desalentado que te apartaste da confiança, que perdeste a fé; que não tornarás ao prazer de servir; que não estenderás o coração ao culto do amor e que te retirarás da arena qual soldado rebelde, fugindo à própria luta.

Entretanto, ao contrário de tua assertiva, a Eterna Providência não descrê de nossa alma e renova-nos, cada dia, a oportunidade de crescimento e sublimação.

Cada manhã, volves ao corpo que te suporta a intemperança e recebes a bênção do Sol que te convida ao trabalho, a palavra do amigo que te induz à esperança, o apoio constante da Natureza, o reencontro com os desafetos para que aprendas a convertê-los em laços de beleza e harmonia, e, sobretudo, a graça de lutar, por teu próprio aprimoramento, a fim de que o tempo te erga à vitória do Bem.

Não te rendas, portanto, ao derrotismo e à dúvida que te lançam na sombra, porque, além do tormento a que o homem se atira, teimoso e imprevidente, Deus permanece em paz, acendendo as estrelas e unindo as gotas d'água para que todos nós possamos elevar-nos dos abismos da treva para os Cimos da Luz.

Pilatos

"

*Queria ser justo e ser bom
no processo do Messias Nazareno,
entretanto, fraquejou pela
vontade enfermiça, cedendo à
zona contrária ao bem.*

"

"Mas entregou Jesus à vontade deles." – Lucas, 23:25.

Pilatos hesitava. Seu coração era um pêndulo entre duas forças poderosas...

De um lado, era a consciência transmitindo-lhe a vontade superior dos Planos Divinos, de outro, era a imposição da turba ameaçadora, encaminhando-lhe a vontade inferior das esferas mais baixas do mundo.

O infortúnio do juiz romano foi entregar o Senhor aos desígnios da multidão mesquinha.

Na qualidade de homem, Pôncio Pilatos era portador de defeitos naturais que nos caracterizam a quase todos na experiência em que o nobre patrício se encontrava, mas como juiz, naquele instante, seu imenso desejo era de acertar.

Queria ser justo e ser bom no processo do Messias Nazareno, entretanto, fraquejou pela vontade enfermiça, cedendo à zona contrária ao bem.

Examinando o fenômeno, todavia, não nos move outro desejo senão de analisar nossa própria fragilidade.

Quantas vezes agimos até ontem, ao modo de Pilatos, nas estradas da vida? Imaginemos o tribunal de Jerusalém transportado ao nosso foro íntimo.

Jesus não se punha contra o nosso exame, mas, esperando pela nossa decisão, aí permanece conosco a Sua ideia Divina e Salvadora.

Qual aconteceu ao juiz, nosso coração

transforma-se em pêndulo, entre as exortações da consciência eterna e as requisições dos desejos inferiores.

Quase que invariavelmente, entregamos o pensamento de Jesus às zonas baixas, onde sofre a mesma crucificação do Mestre.

Vemos assim que Pilatos converteu-se em profundo símbolo para a caminhada humana.

Política

"

O ensinamento de Jesus, nesse particular, ainda está acima da compreensão vulgar das criaturas.

"

"E quem governa seja como quem serve" – **Jesus** – Lucas, 22:26.

O Evangelho apresenta, igualmente, a mais elevada fórmula de vida político-administrativa aos povos da Terra.

Quem afirma que semelhantes serviços não se compadecem com os labores do Mestre não penetrou ainda toda a verdade de suas Lições Divinas.

A magna questão é encontrar o elemento humano disposto à execução do sublime princípio.

Os ideais democráticos do mundo não

derivaram senão do próprio ensinamento do Salvador.

Poderá encontrar algum sociólogo do planeta, plataforma superior além da gloriosa síntese que reclama do governante as legítimas qualidades do servidor fiel?

As revoluções, que custaram tanto sangue, não foram senão uma ânsia de obtenção da fórmula sagrada na realidade política das nações.

Nem por isso, entretanto, deixaram de ser movimentos criminosos e desleais, como infiéis e perversos têm sido os falsos políticos na atuação do governo comum.

O ensinamento de Jesus, nesse particular, ainda está acima da compreensão vulgar das criaturas.

Quase todos os homens se atiram à conquista dos postos de autoridade e evidência, mas geralmente se encontram excessivamente interessados com as suas próprias vantagens no imediatismo do mundo.

Ignoram que o Cristo aí conta com eles, não como quem governa tirânica ou arbitrariamente, mas como quem serve com alegria, não como quem administra a golpes de força, mas como quem obedece ao Esquema Divino, junto dos seres e coisas da vida.

Jesus é o Supremo Governador da Terra e, ao mesmo tempo, o Supremo Servidor das criaturas humanas.

Sustentemos o bem

"

Ante o bem que se faça,
faze o bem quanto possas, para que o
bem pequeno se faça, junto de todos,
o bem maior.

"

Não lances o fel da censura na

taça do companheiro que, pouco a pouco, desperta na caridade sublime.

Recorda que o próprio dia não acorda de vez.

Primeiro, tons rubros no céu anunciam as promessas da aurora.

Em seguida, tênues riscos de claridade aparecem no campo do firmamento e, apenas muito depois, surge o carro solar na glória do alvorecer.

Desencorajar leve impulso do bem é o mesmo que sufocar a semente que, divina e multiplicada, será, no caminho, a base de nosso pão.

Se descobres vaidade na barulhenta virtude dos semelhantes, ensina-lhes com o próprio exemplo de tolerância e serenidade que o socorro fraterno pede o silêncio da discrição.

Se alguém dá pouco aos teus olhos do muito que te parece reter, nas possibilidades do mundo, auxilia-o com a força da tua simpatia e de tua prece, para que se afeiçoe à mais ampla largueza do coração.

Lembra-te de que a exibição inconveniente de hoje poderá transformar-se, mais tarde, em trabalho seguro do bem, se souberes amparar as vítimas da propaganda ruidosa e desnecessária, e não te esqueças de que a migalha de agora poderá ressurgir, depois, na forma de um tesouro de bênçãos se lhe apoiares o movimento nos alicerces da própria compreensão.

Ante o bem que se faça, faze o bem quanto

possas, para que o bem pequeno se faça, junto de todos, o bem maior.

Não admitas caridade no ato de reprovar a caridade que alguém se decida a fazer, porque, à frente do Cristo, somos todos depositários das riquezas da Vida Eterna e só pelo entendimento do amor, com o trabalho do amor, funcionando no auxílio a ricos e pobres, cultos e ignorantes, justos e injustos, é que chegaremos a acender a luz da mente purificada para a exaltação da Terra Melhor.

Anotações da esperança

"

*Não pares.
A estagnação é ponto
obscuro em que os mais
substanciosos valores
se corrompem.*

"

Se caíste em algum obstáculo, ergue-te e anda.

Ninguém toma forma no corpo físico para estações de repouso.

Todos somos no mundo ou no Mais Além devidamente chamados a colaborar na vitória do Bem. E o Bem aos outros será sempre a garantia de nosso próprio Bem.

Se dificuldades repontam da estrada, não te omitas. Trabalha para extingui-las.

Segue adiante, reconhecendo que nos cabe a todos desenvolver o esforço máximo para que, junto de nós ou longe de nós se realize o melhor.

Não pares.

A estagnação é ponto obscuro em que os mais substanciosos valores se corrompem.

Não recorras à ideia de fatalidade para justificar o mal, porquanto o Bem de todos triunfará sempre.

Os únicos derrotados no movimento criativo da vida são aqueles que atravessam a existência perguntando o porquê das ocorrências e das coisas, sem se darem ao trabalho de conhecer-lhes a origem; aqueles que descreram de Deus e de si mesmos, apagando-se no vazio do "nada mais a fazer"; aqueles que choram inutilmente as provações necessárias; aqueles que fogem dos problemas da vida, temendo-lhes as complicações; aqueles que se acreditam incapazes de errar e aqueles outros que, em se observando caídos, nessa ou naquela falta, não sentem a precisa coragem do "começar de novo".

Não estaciones.

Em favor de todas as criaturas, estejam como estejam, Deus criou o apoio do trabalho e a bênção da esperança.

A torre

"

*Queres construir uma
torre de luz divina?*

"

"Pois qual de vós, querendo edificar uma torre, não se assenta primeiro a fazer as contas dos gastos para ver se tem com que a acabar?" – **Jesus** – Lucas, 14:28.

Constitui objeto de observação singular as circunstâncias do Mestre se referir, à essa altura dos ensinamentos evangélicos, à uma torre, quando deseja simbolizar o esforço de elevação espiritual por parte da criatura.

A torre e a casa são construções muito diversas entre si.

A primeira é fortaleza, a segunda é habitação.

A casa proporciona aconchego, a torre dilata a visão.

Um homem de bem, integrado no conhecimento espiritual e praticando-lhe os princípios sagrados, está em sua casa, edificando a torre divina da iluminação, ao mesmo tempo.

Em regra vulgar, porém, o que se observa no mundo é o número espontâneo de pessoas que nem cuidaram ainda da construção da casa interior e já falam calorosamente sobre a torre, de que se acham tão distantes.

Não é fácil o serviço profundo da elevação espiritual, nem é justo apenas pintar projetos sem intenção séria de edificação própria.

É indispensável refletir nas contas, nos dias ásperos de trabalho, de autodisciplina.

Para atingir o sublime desiderato, o homem precisará gastar o patrimônio das velhas arbitrariedades e só realizará esses gastos com um desprendimento sincero da vaidade humana e com excelente disposição para o trabalho da elevação de si mesmo, a fim de chegar ao término, dignamente.

Queres construir uma torre de luz divina?

É justo. Mas não comeces o esforço antes de haveres edificado a própria casa íntima.

Se soubesses...

"

Lembra-te de que o ódio é o grande fornecedor das prisões e de que a cólera é responsável pela maior parte das moléstias que infelicitam a vida...

"

Se soubesses quão venenoso

é o conteúdo de fel a tisnar o cálice da aversão, decerto compreenderias que todo golpe de crueldade não é senão desafio à tua capacidade de entendimento.

Se soubesses a trama de sombra que freme, perturbadora, em torno da palavra infeliz que proferes, na crítica à luta alheia, preferirias amargar no silêncio as feridas de tua mágoa, esperando que o tempo lhes ofereça a necessária medicação.

Se soubesses a quantidade dos crimes, oriundos da revolta e da queixa, escolherias padecer toda sorte de sofrimento antes que reclamar consideração e justiça em teu próprio favor.

Se soubesses a multidão de males que a vingança provoca, esquecerias sem custo os braseiros de dor que a calúnia te arremessa à existência.

Lembra-te de que o ódio é o grande fornecedor das prisões e de que a cólera é responsável pela maior parte das moléstias que infelicitam a vida, e guarda o coração na grande serenidade, se te propões conservar em ti mesmo o tesouro da paz e a bênção da segurança.

Ainda mesmo que alguém te ameace com o gláudio da morte, desculpa e segue adiante, porque as vítimas ajustadas aos marcos do Bem Eterno elevam-se de nível, enquanto que os ofensores, ainda mesmo os aparentemente mais dignos, descem aos precipícios do tempo para o acerto reparador.

De qualquer modo, se a aflição te procura, cala e perdoa sempre, porque se o Mestre nos exortou ao amor pelos inimigos, também nos advertiu que a mão erguida à delinquência da espada, agora, hoje ou amanhã, na espada fenecerá.

Nos grandes momentos

"

Não se ouviu a voz de nenhum beneficiado, ao pé do Calvário. Ninguém Lhe recordou, no extremo instante, as Obras Generosas, perante os algozes que O acompanhavam.

"

"E todos os seus conhecidos e as mulheres que juntamente O haviam seguido desde a Galileia, estavam de longe, vendo estas coisas." – Lucas, 23:49.

A solidão de Jesus no Calvário é uma lição viva aos discípulos do Evangelho, em todos os tempos. Quase sempre, os aprendizes procuram impor ao próximo o seu modo de sentir.

Às vezes, quando menos avisados, raiam pela imprudência, ansiosos pela renovação imediata de amigos, de conhecidos, de familiares.

Suas atividades se convertem num conjunto de inquietações indevidas.

Andam esquecidos de que cada um será

compelido ao testemunho nos grandes momentos.

E, quando chegado o ensejo, devem contar, acima de tudo, com Deus e consigo próprios.

Jesus, no Apostolado da Luz e do Bem, junto ao espírito popular, formara compacta legião de amigos.

Todos os beneficiários de Sua Obra seguiam-No em admiração constante.

Volteavam-Lhe em torno dos passos, não só os admiradores, os aprendizes, os curiosos, mas também os doentes da véspera, reintegrados no tesouro da saúde, à força de Sua Dedicação Divina.

Mas no grande momento, quando as sombras do martírio Lhe amortalhavam o coração, todos os participantes de Suas caminhadas se recolheram à distância da Cruz, contemplando de longe.

Não se ouviu a voz de nenhum beneficiado, ao pé do Calvário. Ninguém Lhe recordou, no extremo instante, as Obras Generosas, perante os algozes que O acompanhavam.

E o ensinamento ficou para que cada aprendiz, no decurso do tempo, não esquecesse a necessidade do próprio valor.

Ver

"

Todos enxergam alguma coisa na vida comum, entretanto, raros sabem ver.

"

A visão não é exclusividade dos olhos físicos.

Refletir é ver com a consciência.

Imaginar é ver com o sentimento.

Calcular é ver com o raciocínio.

Recordar é ver com a memória.

Por isso mesmo, a visão é propriedade vasta e complexa do Espírito, que se dilata e se enriquece constantemente, à medida que nossos poderes e emoções se desenvolvem e se aprimoram.

Quem deseje, pois, realizar aquisições

psíquicas de clarividência nos celeiros da vida, guarde a pureza no coração, a fim de que a pureza, em se exteriorizando através de nossos sentidos, nos regenere o mundo emocional, reajustando o nosso idealismo e equilibrando os nossos desejos na direção do Bem Infinito.

Quem procura o "lado melhor" dos acontecimentos, a "parte mais nobre das pessoas" e a "expressão mais útil" das coisas, está conquistando preciosos acréscimos de visão.

Enquanto nos confiamos às paixões perturbadoras, tateando nas trevas do egoísmo e do ódio, varando o gelo da indiferença e o enrijecimento espiritual, atravessando o incêndio da incompreensão e do desvario ou vencendo os pântanos do desregramento ou da intemperança, não poderemos senão ver com a carne os problemas inquietantes e dolorosos que a ela se ajustam.

Purifiquemos o Espírito e conseguiremos descobrir os horizontes da nossa gloriosa imortalidade.

Todos enxergam alguma cousa na vida comum, entretanto, raros sabem ver.

Ajustemo-nos aos princípios do Vidente Divino, que soube contemplar as necessidades humanas, com amor e perdão, do Alto da Cruz e, por certo, começaremos, desde agora, a penetrar na claridade sublime de nossa própria ressurreição.

Tolerância Divina

"

– *"Perdoa-lhes, meu Pai,*
porque não sabem o que fazem"...

"

"E dizia Jesus: – Pai, perdoa-lhes, porque não sabem o que fazem." – Lucas, 23:34.

Ouvem-se as opiniões mais disparatadas no que concerne ao perdão e à tolerância de Deus.

Aprendizes levianos, a todo instante, referem-se ao problema, com mais infantilidade que espírito de observação e obediência.

São raros os que se compenetram da magnitude do assunto.

O perdão divino jamais será entendido no quadro da preguiça, do egoísmo pessoal ou da inconstância da criatura.

As palavras do Mestre, na cruz, oferecem um roteiro de pensamentos profundos, nesse sentido:

– "Perdoa-lhes, meu Pai, porque não sabem o que fazem", representa uma sentença básica da responsabilidade que o assunto envolve em si mesmo.

Num momento, qual o do Calvário, em que a dor se lhe impunha ao Espírito Divino, Jesus roga o perdão de Deus para as criaturas, mas não esquece de assinalar o porquê de Sua solicitação.

Seu motivo profundo era o da ignorância em que os homens se mergulhavam.

O Mestre compreendia que não se deve invocar a tolerância de Deus sem razão justa, como nunca se abusa de um Pai abnegado e carinhoso.

Tornava-se preciso explicar que o drama

do Gólgota era forma de animalidade de quantos o rodeavam.

E a expressão do Cristo foi guardada no Evangelho, a fim de que todos os aprendizes venham a compreender que tolerância e perdão de Deus não são forças que se reclamem a esmo.

Jesus e renúncia

"

*... Jesus renunciou sempre
à felicidade de ser compreendido
para melhor compreender ...*

"

Estudando a renúncia que o Evangelho nos traça por senda de ascensão, examinemos como se fazia a renúncia na conduta de Cristo para que a nossa exibição de virtude não se converta em falta de caridade.

Porque as portas do vilarejo em que surgiu entre os homens se Lhe fechassem à necessidade de socorro e refúgio, não se esquivou ao propósito de auxiliar às criaturas da Terra e valeu-se da estrebaria para começar o Seu Divino Apostolado de Redenção.

Porque os doutores de Jerusalém Lhe furtassem concurso intelectual na divulgação da Boa Nova, não abandonou a ideia de iluminar-lhes o passo com a luz da Revelação Sublime e aceitou a colaboração de pescadores singelos para ofertar-lhes o ensinamento.

Porque sentisse Judas transtornado pela tentação de domínio, não desistiu de auxiliá--lo, até o instante em que o próprio discípulo desertasse da preciosa tarefa de que se achava investido.

Porque Pedro O negasse na extrema hora, não lhe recusa mão firme no reajuste.

E porque os homens O tivessem crucificado, impondo-Lhe injúria e morte, em retribuição de Sua Ternura e Devotamento, não se afasta da Terra em definitivo, a pretexto de glorificar-Se no Céu, reaparecendo aos companheiros, plenamente redivivo, esquecendo as sombras e ofensas, a recompor os serviços da Sua Bandeira de Aperfeiçoamento das Almas, prometendo-lhes cooperação e amor até o fim dos séculos.

Lembremo-nos de que Jesus renunciou sempre à felicidade de ser compreendido para melhor compreender e de ser amado para amar com mais amplos recursos de entendimento.

Faze, assim, semelhante renúncia ao pé daqueles que a vida te confiou, permanecendo sempre em teu posto de sacrifício, para melhor servi-los no campo da evolução, e terás aprendido que renunciar com o Senhor é trocar o prazer efêmero da superfície para construir no imo da própria alma a Soberana Alegria da Vida Eterna.

IDE | Conhecimento e educação espírita

No ano de 1963, Francisco Cândido Xavier ofereceu a um grupo de voluntários o entusiasmo e a tarefa de fundarem um periódico para divulgação do Espiritismo. Nascia, então, o Instituto de Difusão Espírita - IDE, cujos nome e sigla foram também sugeridos por ele.

Assim, com a ajuda de muitas pessoas e da espiritualidade, o Instituto de Difusão Espírita se tornou uma entidade de utilidade pública, assistencial e sem fins lucrativos, fiel à sua finalidade de divulgar a Doutrina Espírita, por meio de livros, estudos e auxílio (material e espiritual).

Tendo como foco principal as obras básicas de Allan Kardec, a preços populares, a IDE Editora possui cerca de 300 títulos, muitos psicografados por Chico Xavier, divulgando-os em todo o Brasil e em várias partes do mundo.

Além da editora, o Instituto de Difusão Espírita também se desenvolveu em outras frentes de trabalho, tanto voltadas à assistência e promoção social, como o acolhimento de pessoas em situação de rua (albergue), alimentação às famílias em momento de vulnerabilidade social, quanto aos trabalhos de evangelização infantil, mocidade espírita, artes, cursos doutrinários e assistência espiritual.

Ao adquirir um livro da IDE Editora, além de conhecer a Doutrina Espírita e aplicá-la em seu desenvolvimento espiritual, o leitor também estará colaborando com a divulgação do Evangelho do Cristo e com os trabalhos assistenciais do Instituto de Difusão Espírita.

www.idelivraria.com.br

FUNDAMENTOS DO
ESPIRITISMO

1º Crê na existência de um único Deus, força criadora de todo o Universo, perfeita, justa, bondosa e misericordiosa, que deseja a felicidade a todas as Suas criaturas.

2º Crê na imortalidade do Espírito.

3º Crê na reencarnação como forma de o Espírito se aperfeiçoar, numa demonstração da justiça e da misericórdia de Deus, sempre oferecendo novas chances de Seus filhos evoluírem.

4º Crê que cada um de nós possui o livre-arbítrio de seus atos, sujeitando-se às leis de causa e efeito.

5º Crê que cada criatura possui o seu grau de evolução de acordo com o seu aprendizado moral diante das diversas oportunidades. E que ninguém deixará de evoluir em direção à felicidade, num tempo proporcional ao seu esforço e à sua vontade.

6º Crê na existência de infinitos mundos habitados, cada um em sintonia com os diversos graus de progresso moral do Espírito, condição essencial para que neles vivam, sempre em constante evolução.

7º Crê que a vida espiritual é a vida plena do Espírito: ela é eterna, sendo a vida corpórea transitória e passageira, para nosso aperfeiçoamento e aprendizagem. Acredita no relacionamento destes dois planos, material e espiritual, e, dessa forma, aprofunda-se na comunicação entre eles, através da mediunidade.

8º Crê na caridade como única forma de evoluir e de ser feliz, de acordo com um dos mais profundos ensinamentos de Jesus: "Amar o próximo como a si mesmo".

9º Crê que o espírita tenha de ser, acima de tudo, Cristão, divulgando o Evangelho de Jesus por meio do silencioso exemplo pessoal.

10º O Espiritismo é uma Ciência, posto que a utiliza para comprovar o que ensina; é uma Filosofia porque nada impõe, permitindo que os homens analisem e raciocinem, e, principalmente, é uma Religião porque crê em Deus, e em Jesus como caminho seguro para a evolução e transformação moral.

Para conhecer mais sobre a Doutrina Espírita, leia as Obras Básicas, de Allan Kardec.

www.idelivraria.com.br

Mensagens e meditações de

EMMANUEL

Através do médium

CHICO
XAVIER

Outras obras de
CHICO XAVIER - EMMANUEL

ATENÇÃO
CHICO XAVIER - EMMANUEL

DINHEIRO
CHICO XAVIER - EMMANUEL

...este livro, claramente simples, é constituído por páginas de fraternidade e entendimento, considerando-se que, muitas vezes, as ações impensadas nascem de fadiga e precipitação e quase nunca de maldade manifesta. Por esse motivo, rogamos "Atenção".

Para quantos procurem compreender o assunto em foco, trocando a moeda pelo pão destinado a socorrer as vítimas da penúria ou permutando-a pelo frasco de remédio para aliviar o enfermo estirado nos catres de ninguém, reconhecerão todos eles que o dinheiro também é de Deus.

ISBN: 978-85-7341-486-8 | Mensagens
Páginas: 128 | Formato: 14 x 21 cm

ISBN: 978-85-7341-447-6 | Mensagens
Páginas: 96 | Formato: 14 x 21 cm

Outras obras de
CHICO XAVIER - EMMANUEL

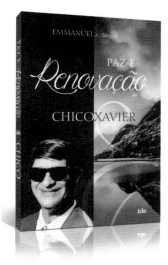

COMPANHEIRO
CHICO XAVIER - EMMANUEL

"Em quaisquer circunstâncias, nas quais te vejas de coração sozinho ou empobrecido de forças, contempla a imensidade dos céus, ergue a fronte, enxuga o pranto e caminha para diante, conservando o bom ânimo e a esperança..."

PAZ E RENOVAÇÃO
CHICO XAVIER - EMMANUEL

"A renovação íntima é o fator básico de todo reequilíbrio.

Daí procede, leitor amigo, a organização deste volume despretensioso, englobando avisos, apelos, comentários e lembretes de irmãos para irmãos, no propósito de estudarmos juntos as nossas próprias necessidades.

É um convite a que nos desagarremos das sombras do desânimo ou da inércia, para nos colocarmos todos no encalço das realidades do Espírito."

Emmanuel

ISBN: 978-85-7341-585-8 | Mensagens
Páginas: 160 | Formato: 14 x 21 cm

ISBN: 978-85-7341-688-6 | Mensagens
Páginas: 224 | Formato: 14 x 21 cm

idelivraria.com.br

Pratique o "Evangelho no Lar"

Aponte a câmera do celular e faça download do roteiro do **Evangelho no lar**

Ide editora é nome fantasia do Instituto de Difusão Espírita, entidade sem fins lucrativos.

📷 ideeditora   f ide.editora   🐦 ideeditora

◀◀ DISTRIBUIÇÃO EXCLUSIVA ▶▶

📍
Av. Porto Ferreira, 1031 | Parque Iracema
CEP 15809-020 | Catanduva-SP
📞 17 3531.4444   © 17 99777.7413

📷 boanovaed
▶ boanovaeditora
f boanovaed
🌐 www.boanova.net
✉ boanova@boanova.net

Fale pelo whatsapp

Acesse nossa loja